ZUR TAUFE

viele gute Wünsche

Irmgard Erath

DEINE TAUFE

ist der erste Schritt
auf deinem Weg zum Glauben
und in die Gemeinschaft.

Ich wünsche dir,

dass du diesen Weg voll Vertrauen
und mit frohem Herzen
weitergehst.

Dein LEBEN sei ein Fest

Deine Geburt war ein Fest
der Freude und des Glücks.
Ein Tag, an dem alle Menschen
um dich herum sich freuten,
dass du endlich in ihrer Mitte bist
und nun zu ihnen gehörst.

Deine Taufe ist ein Fest
des Glaubens und der Liebe.
Ein Tag, an dem Himmel
und Erde sich freuen,
dass nun auch du aufgenommen bist
in die Gemeinschaft mit Gott.

Du bist von Gott geliebt.

Daniel 9, 23

Mit der Taufe

möchten deine Eltern dir etwas Wunderschönes
und Kostbares mit auf den Weg geben:
Deinen Namen, der dein Leben
lang zu dir gehören wird.
Den Segen Gottes, der dich immer
und überall begleiten möge.
Den Glauben, die Hoffnung und die Liebe,
die dein Herz ganz erfüllen sollen.

Der schöne Name,

den deine Eltern für dich ausgesucht haben,
und du, kleiner Schatz, ihr beide
gehört nun für immer zusammen.
Dein Name ist etwas Besonderes – genau wie du.
Darum passt er so wunderbar zu dir.
Dich und deinen Namen –
euch beide gibt es nur einmal
auf der ganzen Welt.

Der beste Weg, Kinder gut zu erziehen,
besteht darin, sie glücklich zu machen.

Oscar Wilde

Deine Eltern und Paten sind
die ersten und wichtigsten Menschen
auf deinem Weg ins Leben.

Du bist ihnen in besonderer Weise anvertraut:
Sie dürfen dich führen und beschützen,
deine Augen für das Schöne und
dein Herz für das Gute öffnen.
Was für eine große
und einzigartige Aufgabe!

GESEGNET *und* BESCHÜTZT

Einander Segen wünschen,
füreinander um Segen bitten ...
Das sind kleine Geschenke
von Herz zu Herz.

Gott segne deine Wege,

damit du sie mit Mut und Zuversicht
und mit ganz viel Vertrauen gehen kannst.

Gott segne dein Leben,

damit es schön werde und bunt,
reich an Freude, an Glück
und an Geborgenheit.

Gott segne dein Herz,

damit es stark werde im Glauben,
froh in der Hoffnung
und treu in der Liebe.

Bei der Taufe zeichnen der Pfarrer,
deine Eltern und deine Paten das Kreuz
auf deine Stirn, um dir zu sagen:
Du, kleines Menschenkind,
du bist willkommen und von Herzen geliebt.
Du, kleines Menschenkind,
du bist kostbarer als alle Schätze dieser Welt.
Sei gesegnet und behütet.

Regenbogen –
farbenfrohes Zeichen der
wunderbaren Verbindung

zwischen Himmel und Erde.

Wie schön ist es,
wenn das Licht der Sonne und
das Wasser der Erde sich im
Regenbogen vereinen.
Wie schön ist es,
wenn das Licht des Glaubens
und das Wasser des Lebens
sich in der Taufe vereinen.

LICHT *im* HERZEN

Dass es durch das Licht des Glaubens,
das Licht der Hoffnung
und das Licht der Liebe
ganz hell in deinem Herzen sei,
das, kleiner Schatz,
wünsche ich dir sehr.

Und dass du immer wieder spüren kannst,
wie viel Schönes, wie viel Freude,

*wie viele kostbare Momente
die Taufe dir schenkt*

und welchen Segen sie in dein Leben trägt.

Geborgenheit –
das ist dieses schöne Gefühl,
rundum liebevoll beschützt
zu sein.

Du bist geborgen
in der Zärtlichkeit deiner Eltern
und in der Fürsorge deiner Familie.
Du bist geborgen in der
Gemeinschaft der Kirche und
unter dem Schutz deines Engels.
Du bist geborgen in der Liebe Gottes.
Du bist geborgen –
sicher und ganz behutsam.

Unvergesslich ist dieser Festtag
für die Menschen,
die bei deiner Taufe mit dabei sind,
dir kleine Geschenke überbringen
und dir ihre stillen Gebete und
guten Wünsche mit auf den Weg geben.

Mit diesen liebevollen Gesten
wollen sie dir zeigen, wie sehr
es sie berührt, dass mit dir ganz neu
die Liebe in die Welt und auch
in ihr Leben gekommen ist.

Drei Dinge sind uns aus dem Paradies geblieben: Sterne, Blumen und Kinder.

Dante Alighieri

Voll Dankbarkeit halten
deine Eltern dich in ihren Armen.
Denn seit du da bist, ist für sie alles anders,
alles schöner. Ihre Tage sind voll Glück
und Freude und ihre Nächte
voll zärtlicher Sorge.
In ihren Herzen wohnt dein Lächeln
und auf ihren Lippen liegt
dein Name.

∴

Ich wünsche dir Freunde,
die bei Sonnenschein und Regen treu
an deiner Seite bleiben und
die für dich da sind, wenn dein Herz Trost
oder viel Mut braucht.

Freunde, die sich mit dir freuen,

wenn deine Träume sich erfüllen,
wenn du Schönes erleben darfst
oder wenn du ganz einfach
glücklich bist!

∴

Fröhliches Kinderlachen
streut Blumen der Freude
auf die Wiese des Lebens.

Renate Nussbaumer

Du, kleiner Schatz,
bist der schönste Beweis dafür,
dass die Liebe nie müde wird,
die Freude in die Welt
und das Glück in die Herzen der
Menschen zu tragen.

Mögen in deinem Leben
viele kleine Wunder geschehen.
Kleine Wunder, in denen du die Schönheit
der Schöpfung und der Welt
entdecken kannst, und die dir zeigen,
wie einzigartig dein Leben ist.
Kleine Wunder, die dich mit den Menschen,
die zu dir gehören,
noch inniger verbinden.

Unser Engel — er ist und
bleibt ein Geheimnis.
Ein Geschenk des Himmels.

Dein Schutzengel wird dich auf
deinem Weg durch das Leben begleiten.
So treu wie die Sonne,
so sanft wie der Windhauch
und so still wie der Himmel über dir.
Ich wünsche dir, dass du

in deinem Herzen spüren

kannst, mit welcher Liebe dein Engel
dich führt und wie sehr du
von ihm behütet bist.

Es ist so schön für deine Eltern,
für deine Großeltern, deine Paten
und deine Geschwister,
dich zu umarmen und zu beschützen.
Denn dich in den Armen halten heißt,

ein kleines Leben

voll Hoffnung und Freude,
voll Zärtlichkeit und Liebe
hinein in die Zukunft tragen.

In deinem Lächeln,
in deinem Vertrauen,
in deiner kindlichen Zuneigung
erzählt uns die Liebe
von all den kleinen und großen Wundern,
die durch sie geschehen.
Wir hören ihr so gerne zu!

WURZELN *und* FLÜGEL
schenken

Ich wünsche dir,
dass deine Eltern dich verstehen,
deine Ängste und Freuden mittragen
und deine Träume ernst nehmen.

Ich wünsche dir,
dass deine Eltern dir all ihre Fürsorge schenken
und dich auf deinem Weg zum Glauben
und Lieben behutsam führen.

Ich wünsche dir,
dass deine Eltern dich liebevoll begleiten,
dir aber auch die Freiheit zugestehen,
dein Leben selbst zu gestalten.

Wie dein kleines Herz sich in
der Taufe vertrauensvoll der Liebe öffnet,
so öffnen sich deine Augen der
Schönheit in der Welt.
Deine Augen – sie sind offen wie der Himmel,
leuchtend wie die Sterne, klar wie der See ...
Deine Augen – aus ihnen lächelt die Freude,
strahlt das Glück ...
Möge dein Leben so froh und
so glücklich werden, wie es ein Blick
in deine Augen verspricht!

Was eine Kinderseele
aus jedem Blick verspricht!
So reich ist doch an Hoffnung
ein ganzer Frühling nicht.

Hoffmann von Fallersleben

Meine Wünsche FÜR DICH

Mögen deine Hände
behutsam und zärtlich sein
und dein Mund viel Liebes sagen.
Mögen deine Ohren
die Worte der anderen hören
und deine Füße sich nie verirren.

Mögen deine Augen
das Schöne im Menschen sehen
und die kleinen Wunder, die das Leben dir schenkt.
Möge dein Herz
offen sein für die Freude und das Glück
und ein Zuhause für die Liebe.

So schön, so spannend und geheimnisvoll
wie das Meer liegt die Zukunft vor dir.
Mache dich vertrauensvoll auf den Weg.
Du wirst sehen, wie herrlich bunt die Welt ist.
Glaube fest an dich selbst und
an die Menschen, die mit dir unterwegs sind.
Ich wünsche dir, dass du deinem Leben
die hellen Farben der Freude und
der Liebe gibst, damit du von Herzen
glücklich werden kannst.

Glauben heißt, im Vertrauen
auf Gott die Zukunft wagen.

Walter Reisberger

Gott ist Liebe; und wer in der Liebe bleibt, bleibt in Gott und Gott in ihm.

1. Johannes 4,16

Wenn du größer bist,
dann wünsche ich dir,
dass du spürst, mit welcher Freude
die Menschen, die zu dir gehören,
dich in ihre Mitte aufgenommen haben
und dir alles Glück der Welt
wünschen.

Über die Autorin:

Irmgard Erath wurde in Sulz/Vorarlberg geboren, wo sie auch heute noch lebt. Zunächst galt ihr Interesse vor allem der italienischen Sprache und dem Zeichnen, bis sie zu ihrer ganz besonderen Begabung fand: dem Verfassen von Aphorismen und Prosatexten. Ihre erfolgreichen Bücher sind Ausdruck ihres liebevollen Einfühlungsvermögens und sprechen vielen Menschen aus dem Herzen.

Textnachweis: Wir danken allen Autoren bzw. deren Erben, die uns freundlicherweise die Erlaubnis zum Abdruck von Texten erteilt haben.

Bildnachweis: Cover: Kseniya Sharapova/Moment/Getty Images. Innenteil: Schmuckvignetten: Malorny/Moment/Getty Images. Fotos: S. 6: Malorny/Moment/Getty Images; S. 9: tostphoto/iStock/Getty Images; S. 15: JasonDoiy/E+/Getty Images; S. 16: stock.adobe.com/pongmoji; S. 20: Tuan Tran/Moment/Getty Images; S. 23: stock.adobe.com/lorabarra; S. 24: stock.adobe.com/digitalskillet1; S. 27: stock.adobe.com/Sandra Thiele; S. 28: Albert Fertl/Moment/Getty Images; S. 31: stock.adobe.com/hdn1212; S. 32: kieferpix/iStock/Getty Images; S. 35: damircudic/E+/Getty Images; S. 36: stock.adobe.com/Studio.51; S. 41: stock.adobe.com/metamorworks; S. 45: stock.adobe.com/nmelnychuk; S. 46: stock.adobe.com/BillionPhotos.com.

Layout & Satz: Sabine Schröder

Gesamtherstellung: AZ Druck und Datentechnik GmbH, Kempten

Aus Verantwortung für die Umwelt hat sich die Verlagsgruppe Droemer Knaur
zu einer nachhaltigen Buchproduktion verpflichtet. Der bewusste Umgang mit unseren Ressourcen,
der Schutz unseres Klimas und der Natur gehören zu unseren obersten Unternehmenszielen.

Gemeinsam mit unseren Partnern und Lieferanten setzen wir uns für eine klimaneutrale Buchproduktion ein,
die den Erwerb von Klimazertifikaten zur Kompensation des CO_2-Ausstoßes einschließt.

Weitere Informationen finden Sie unter:
www.klimaneutralerverlag.de

KLEINE WUNDER

ALLES GUTE

GLÜCK

EMOTIONEN

LIEBE

WÜNSCHE

FREUDE

Eine schöne Zeit

SCHENKEN

Es gibt wohl kaum eine aufregendere Zeit im Leben als die Schwangerschaft und die Geburt eines Babys. Jeder Tag hält neue Erlebnisse, Emotionen und Entdeckungen bereit. Daran teilzuhaben ist etwas ganz Besonderes. Seit 1928 suchen wir bei Groh nach den richtigen Worten für verschiedene Anlässe und begleiten Sie auch in dieser bewegten Zeit: Genießen Sie jeden Moment!

Ihr Groh Team